(Par Chéremin, d'après Barbier.)

DE LA

NOBLESSE FÉODALE.

(par *hérémin*, d'après Barbier.)

DE LA

NOBLESSE FÉODALE.

IMPRIMERIE DE Mme. Ve. PERRONNEAU,
QUAI DES AUGUSTINS, No. 39.

DE LA

NOBLESSE FÉODALE,

ET DE

LA NOBLESSE NATIONALE;

PAR M. ***

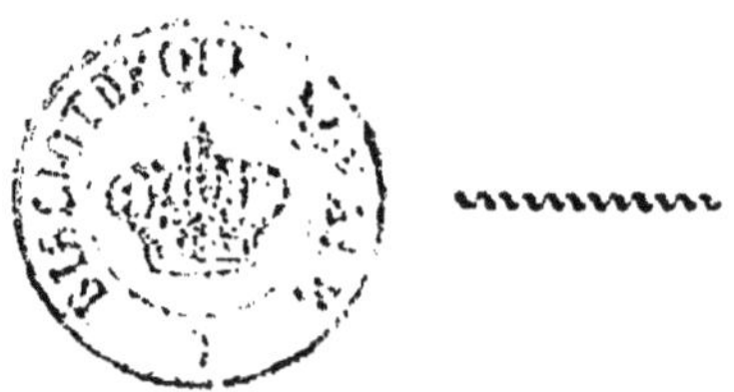

A PARIS,

CHEZ { PLANCHER, libraire, rue Serpente, n°. 14;
DELAUNAY, libraire au Palais-Royal.

1817.

DE LA

NOBLESSE FÉODALE,

ET DE

LA NOBLESSE NATIONALE.

Ce serait une erreur de croire que l'esprit de révolution qui s'est manifesté en France en 1789, et qui, depuis, s'est plus ou moins étendu chez les peuples du continent, a été dirigé contre la royauté, et a eu pour but le renversement de l'autorité légitime. Cet esprit n'a été originairement dirigé que contre la féodalité, et le but qu'on s'est proposé n'a été que l'établissement de l'égalité devant la loi, et de l'égalité dans les charges.

Les peuples savent qu'ils doivent être gouvernés ; ils sentent que l'autorité royale n'a été établie que pour l'intérêt général : de son côté, l'autorité royale était douce et paternelle, quand elle agissait directement. Il s'était établi entr'elle et le peuple une longue réciprocité de sentimens d'amour, et l'on ne pouvait dire, en France, si le Roi aimait plus le peuple, ou si le peuple aimait plus le Roi. Aussi, lorsque les instrumens de la puissance royale se portèrent aux plus violens abus, ils n'ont jamais pu parvenir à rendre la personne royale odieuse : *Si le Roi le savait*, disait le peuple; et de l'autre côté, jamais un Roi de France n'a pu haïr sa nation.

Mais si le peuple a pour l'autorité royale une espèce de soumission d'instinct et de sentiment, puisque ce n'est que sous son ombre qu'a pu s'établir aussi facilement une autorité impériale, qui ne semblait que lui succéder, il n'éprouve que de l'éloignement pour l'autorité des nobles, qui se placent entre lui et la royauté pour lui en intercepter les regards et les bienfaits. Il sait qu'elle n'a d'autre objet que l'intérêt personnel et un intérêt ennemi, tandis que l'autorité royale a pour objet le bien de tous ; et s'il regarde celle-ci comme préservatrice et tutélaire, il regarde celle-là comme injurieuse et attentatoire à ses droits. Il supporte impatiemment une classe d'hommes qui, formant un état intermédiaire, s'attribue toutes les préférences, et accable également le peuple de ses privilèges et de ses dédains.

En effet, l'inégalité qui résultait des anciennes institutions féodales, indépendamment de ce qu'elle blessait les intérêts du plus grand nombre, était encore regardée comme une insulte par des hommes que la richesse et les lumières avaient placés au niveau des nobles. Un sentiment d'honneur nouveau se joignait à celui de l'intérêt, pour leur rendre odieux des privilèges qui leur rappelaient trop visiblement leur ancienne dégradation, et les privaient d'une foule d'avantages qui doivent être communs aux sujets d'un même Gouvernement. Jamais la féodalité, dans toute sa rigueur, ne pesa autant sur des esclaves abrutis, que ses restes ne pesèrent sur une population émancipée et qui s'éclairait.

L'importance de la liberté politique n'était pas généralement sentie, et ce n'était pas elle que la nation avait spécialement en vue : c'est un objet de spéculation trop au-dessus de l'intelligence du peuple qui n'agit que par sentiment. Or, le sentiment le conduisait, non à demander au Roi des concessions pour la liberté politique qui dussent diminuer son autorité, mais des concessions pour la liberté civile et pour l'égalité avec les nobles dans les charges publiques et devant la loi. Ce sont là des choses qui touchent aux intérêts de tous les momens et qui ne diminuaient en rien l'autorité royale. Celle-ci, quelle qu'étendue qu'elle soit, n'est point odieuse au peuple, et jamais il n'en est jaloux; mais le pouvoir des privilégiés, quel que modéré qu'il soit, ne lui paraît pas supportable, parce qu'il est étranger à son bien-être et qu'il atteint ses passions. Il hait leur orgueil, il redoute leur ancienne tyrannie, et ne veut point, à tout prix, être victime de ceux qu'il regarde comme devant, ainsi que lui, obéir à la loi commune. Qu'y avait-il de plus rigoureux et de plus despotique que le gouvernement de Bonaparte? Cependant on supportait un si impitoyable gouvernement, et l'on ne songeait point à la révolte; on tolérait tous les maux, parce qu'on jouissait de cette égalité qui semblait dédommager de tout, et que, si l'on était opprimé par un tyran, on était, du moins, à l'abri de ces mille petites tyrannies féodales dont le souvenir était récent. En un mot, l'égalité était le premier besoin du peuple, et elle a été la cause première et le motif spécial de la révolution.

C'étaient donc les privilèges qui étaient l'ennemi du siècle et non point la royauté. L'on ne s'est plaint des Gouvernemens qu'autant qu'on les croyait influencés exclusivement par les nobles et exploités uniquement à leur profit; mais la cause de la royauté et la cause de la noblesse ont toujours été distinctes dans l'esprit du peuple : comment donc a-t-on pu faire pour les confondre?

C'est là la grande erreur de la révolution, ou plutôt qu'on a mise dans la révolution, et l'origine de tous ses excès. Et si l'on ne peut, par cette explication, innocenter la révolution, on peut, du moins, lui ôter tout danger pour l'avenir; ce qui n'est pas d'une médiocre importance dans les circonstances où nous nous trouvons aujourd'hui.

Examinons de bonne foi ce problème, sur qui roulent aujourd'hui de si grands intérêts, et à la solution duquel tient peut-être la tranquillité de plus d'un royaume en Europe.

CHAPITRE PREMIER.

Comment la cause des priviléges a été confondue avec celle de la royauté.

Lorsque les Rois eurent détruit la puissance de la noblesse féodale, qui était rivale de la leur, ils lui laissèrent des privilèges, et l'appellèrent à leur cour, pour s'assurer ainsi d'un ennemi à demi-réconcilié. S'ils lui conservèrent ses privilèges, c'est qu'ils ne purent tout lui ôter à la fois, qu'ils n'étaient pas assez avancés pour regarder la chose comme utile, ou que, peut-être, ils crurent qu'il était de leur intérêt de laisser ce frein au peuple. Le peuple ne les intéressait pas encore par lui-même, mais seulement comme instrument pour sortir de la tutèle des nobles. Ceux-ci, dépouillés d'une puissance qui avait été sans cesse en révolte contre l'autorité royale, comprirent, par les énergiques mesures de Louis XI, de Henri IV et du cardinal de Richelieu, qu'il leur était inutile de lutter davantage; ils se plièrent à leur nouvelle existence, et s'attachèrent uniquement aux Rois, auxquels ils rendirent d'éminens services.

Après avoir cherché à envahir la puissance des Rois, ils se bornèrent à envahir leur confiance exclusive; ils se regardèrent comme les seuls soutiens du trône, et persévérèrent dans leur dédain pour le peuple; ils se séparèrent de lui autant qu'ils le purent, et le considérèrent comme n'étant digne, tout au plus, que de servir le Roi sous leurs ordres. Exclus de la première place, qui était presque l'égalité avec les Rois, ils tinrent obstinément à la seconde, qui était immédiatement au-dessous des Rois, et ne redoutèrent rien tant que l'égalité avec le peuple, avec leurs anciens serfs. Irrités secrètement de la perte de leur ancienne domination, ils se dédommageaient en hauteurs de ce qu'ils avaient perdu en pouvoir; et s'ils étaient fidèles au Roi, ce n'était, en quelque sorte, que sous la condition qu'il abandonnât le peuple à leurs mépris. Ils se vengeaient ainsi, du moins, de celui qui avait été l'instrument de leur chute, ne pouvant atteindre celui qui en était l'auteur immédiat ; constamment et par système aussi souples envers le puissant qu'arrogans envers le faible.

Ainsi, ce qu'on vit naître ne fut point un amalgame; mais il se forma, des débris de la féodalité, une espèce de nation nouvelle dans la nation. La première avait des principes, des mœurs, une éducation, des occupations différentes de celles de l'autre, enfin une existence tout-à-fait séparée de l'existence de celle-ci. L'une et l'autre reconnaissaient la même autorité royale; mais les uns s'attribuaient l'exercice de cette autorité, et n'appelaient le Roi que le *premier gentilhomme* de son royaume ; les autres lui portaient une soumission plus absolue, et obéissaient plus indéfiniment à ses ordres, sans admettre une comparaison entr'eux et lui : ceux-là étaient une espèce d'hommes libres, nés pour le commandement ; ceux-ci, sous le nom de *roturiers*, une espèce d'ilotes, attachés à la culture de la terre, à celle des arts et du commerce, et qui servaient à la guerre sans jamais parvenir aux honneurs militaires. C'est cette différence dans la condition de sujet qui, jointe à l'exercice de priviléges qu'elle ne tenait que d'elle, a constitué l'état de la noblesse féodale après sa chute. Celle-ci a habilement remplacé l'autorité immédiate qu'elle exerçait auparavant, en empruntant celle de la royauté; et elle a ainsi continué, non-seulement d'être séparée du peuple, mais d'être au-dessus du peuple. Après avoir été les rivaux héréditaires des Rois, les nobles en sont devenus les courtisans héréditaires et exclusifs.

De l'autre côté, le peuple, affranchi dans l'origine par les bienfaits des rois, de la servitude des nobles, et jouissant, par la suite des temps, des fruits croissans de cet affranchissement, s'indigna de voir entre son bienfaiteur et lui l'ancien ennemi commun aussi arrogant après sa défaite qu'il avait pu l'être auparavant, quoique soumis auprès du trône, et continuant d'exercer avec rigueur d'anciens priviléges qui auraient dû tomber avec sa puissance. Il réclama son affranchissement complet, et ne voulut plus avoir, à l'égal des nobles, qu'un Roi à respecter, et une autorité à laquelle il fallut se soumettre. En un mot, il désira l'égalité.

Telle était la disposition des esprits à l'ouverture de la révolution, et il s'était établi, à cette époque, une guerre ouverte entre les prétentions des privilégiés et les prétentions du tiers-état. Il est juste de dire que les prétentions de ce dernier, riche alors en hommes célèbres, avaient été, dans un période précédent, ouvertement favorisées par la libéralité de la noblesse qui, admiratrice de réputations nouvelles et d'une puissance nouvelle qui s'élevaient dans la nation, ne fut pas loin d'abdiquer et de renoncer à l'éclat de ses anciens titres, en faveur de l'éclat d'une gloire plus solide.

Une grande partie de la haute-noblesse persista dans ces sentimens, et adopta le tiers-état, après avoir signé la paix avec lui. L'on comptait parmi elle les femmes les plus aimables et les plus spirituelles, et les noms couverts de la plus antique gloire. Le premier ban était ainsi conquis à une sorte d'égalité. Mais l'arrière-ban sortit du fond de ses provinces, rappela l'honneur indélébile des vieilles races, et la haine contre *le vilain*, plus indélébile encore. Tout fut perdu alors, et, au lieu de la paix qui allait se consolider par de brillans talens et une juste admiration entre deux classes réunies par l'amour des arts et des sciences qui annoblissent véritablement l'homme, la guerre fut déclarée, et elle choisit pour ses premières victimes les plus illustres et les plus innocentes têtes. La fureur devint aveugle, et l'on ne ménagea rien dans un combat où le mépris d'un côté ne pouvait être assez compensé par la haine de l'autre. L'autorité royale restait intacte.

Quelle fut donc la première et véritable cause de la révolution? des préjugés qui ne purent s'éteindre dans les provinces, et qui s'étaient éteints dans la capitale.

La noblesse de province maîtrisa la noblesse de la capitale et de la cour; et le nom de l'honneur, auquel aucun français n'est infidèle, servit de signe de ralliement. Ce fut au nom de l'honneur que la nation devait être rejettée dans son premier avilissement, elle à qui l'honneur était devenu aussi cher qu'à la noblesse. Il n'y avait pas là à épiloguer, l'honneur ne le souffre pas. Le peuple alors ne connut plus de bornes; il se livra à toute sa férocité pour abattre un ennemi qui joignait le mépris à la haine; il appela les dernières classes pour lui faire justice des premières. Il fut le plus fort; et plût à Dieu qu'il n'eût employé la force que pour établir un honneur supérieur à l'honneur féodal!

L'exaltation des idées, et la fureur du peuple, devenue aveugle, durent faire tout craindre; car jusqu'au crime avait perdu le nom de crime quand il était commis contre un noble. Alors on vit la nécessité de conjurer l'orage et d'appeler à son secours un grand auxiliaire; il fut résolu que la cause de la noblesse était celle de la royauté, et l'on déclara que la royauté et la noblesse étaient dans un danger commun. Les nobles se réfugièrent à l'ombre du trône, et se grouppèrent étroitement autour de lui, non pour le défendre, il n'était point attaqué, mais pour être protégés par lui. Jettons un voile sur le reste. Les attentats auxquels s'est porté le peuple ne sont que trop connus.

Mais il n'en est pas moins vrai que le premier mouvement n'a eu lieu que contre l'inégalité et les privilèges, et que, lorsque le peuple cherchait à les détruire, il continuait de respecter la royauté comme une autorité tutélaire, trop sacrée pour oser y toucher, trop au-dessus de lui pour qu'il crût pouvoir y atteindre, trop favorable à ses intérêts pour qu'il dût s'attaquer à elle. Ce peuple égaré devait, par la route du crime et du repentir, revenir à sa première loyauté, mais non à son premier assujettissement aux nobles. Aujourd'hui la royauté est rétablie, sans que les privilèges soient rétablis, et elle est d'autant plus chère au peuple, qu'il peut jouir d'elle sans intermédiaire. Le peuple a conquis le Roi sur la noblesse féodale, et celui-ci lui appartient, désormais, en quelque sorte plus qu'il ne lui appartenait auparavant. Quelques personnes feignent encore de regarder comme incompatible l'existence de la royauté sans l'existence d'une noblesse privilégiée, et l'on résiste à l'autorité royale, même pour la forcer à rétablir cette dernière : soit conviction, soit excès de l'intérêt personnel, on ne veut pas que la royauté puisse subsister sans la féodalité ; mais la raison assise sur le trône, et la raison du peuple, ont également prononcé.

CHAPITRE II.

Que les intérêts du Roi ne sont plus ceux de la féodalité.

La noblesse féodale a eu trois âges : celui où elle bravait les Rois, celui où elle s'était faite l'auxiliaire des Rois, et celui où ellé ne peut plus servir, même comme auxiliaire : nous sommes arrivés au troisième.

Dès que les peuples ont été émancipés, ils ont dû, dans leur cœur, séparer la cause de la royauté de la cause des nobles, et ne voir dans les uns que des oppresseurs, et dans l'autre une puissance protectrice. On a beaucoup parlé de l'amour des Français pour leurs Rois, sans en assigner la cause ; mais elle est, sans doute, dans le bienfait primitif de l'affranchissement du pouvoir des nobles, qui, nulle part, n'a été plus rigoureux qu'en France, et leur reconnaissance n'a pu voir en eux que des libérateurs héréditaires. Nous remarquons qu'en Angleterre, cet amour pour le Roi n'existe pas, à beaucoup près, au même degré, parce que le même motif n'a pas lieu; et en Allemagne, avant la dissolution de l'Empire, l'amour des peuples avait beaucoup plus pour objet la personne de l'Empereur que celle de leurs princes immédiats. L'Empereur pouvait les protéger contre la tyrannie de ceux-ci: c'étaient à des cours de justice impériales qu'ils portaient les plaintes qu'ils avaient à former contre eux. Aujourd'hui il n'en est plus de même. Il s'agit de créer un nouveau patriotisme qui ait pour objet la patrie germanique en général, ou bien une foule de patriotismes nouveaux, dont chaque État ou prince particulier soient l'objet; et ce sentiment me paraît d'autant plus difficile à établir, que les changemens perpétuels de territoire laissent nécessairement dans le vague cet amour et ce respect pour la famille régnante avec lesquels le citoyen naît en France. En Allemagne, la génération présente ne sait jamais à quel prince la génération suivante obéira.

Les Rois, de leur côté, loin d'identifier leur cause avec celle des nobles, se sont contentés de les placer près d'eux pour les surveiller ; mais ils leur ont rarement confié l'exercice de leur autorité dans l'État. Ainsi les Rois de France n'ont guère choisi leurs ministres parmi les grands vassaux de la couronne ou parmi leurs descendans. Soit qu'ils craignissent leur ambition, soit qu'ils trouvassent à la fois plus de talent et plus de docilité dans les autres classes, ils conférent, avec plus de sûreté pour eux, ces éminentes fonctions à des ecclésiastiques d'un ordre relevé, où à des hommes nouveaux tirés de la robe.

Ainsi les nobles se trouvèrent, pendant un certain période, former une classe contre laquelle les peuples et les Rois étaient également en garde. Ce fut l'époque où le tiers-état fit les progrès les plus rapides, et à laquelle il acquit une certaine importance auprès de la couronne.

Toutefois l'intérêt des Rois pouvait encore être de favoriser la noblesse, dont ils tiraient de grands services gratuits, et qui pouvait seule jetter un certain éclat autour du trône, d'après les idées où l'on était alors. Ce fut à l'époque où ils ne la craignirent plus, et où la méfiance dans les successeurs des grands vassaux s'était éteinte peu à peu. Les descendans de ceux qui avaient été les plus turbulens antagonistes de la royauté, devinrent ses plus fidèles soutiens, dès qu'ils ne purent jouer d'autre rôle, et ce fut, sans doute, à cause de cela, que les Rois se montrèrent plus disposés à leur conserver des privilèges qu'il eût été de leur intérêt d'abolir dès qu'ils le purent impunément. Ces privilèges demeurèrent le prix de services que le trésor ne pouvait acquitter, et qu'il n'était point reçu de payer en argent. D'ailleurs, les Rois s'habituèrent facilement à regarder leurs courtisans comme leurs plus fidèles sujets.

Mais, lorsque le peuple prit dans l'Etat, par son industrie, ses richesses et ses lumières, une importance première, et que les finances qui ne proviennent que du peuple, devinrent le nerf de l'Etat, toute influence intermédiaire dût disparaître, et tout dût céder à la nécessité d'établir l'union entre le peuple et le Gouvernement. Les privilèges parurent dès-lors une superfétation étrangère ; l'existence séparée d'une noblesse dominante, et qui jouissait seule des faveurs de la cour, parut sans but ; et au lieu qu'il y avait auparavant un Roi, des nobles féodaux, et le peuple, il n'y eut plus que le peuple et le Gouvernement.

Cette révolution était faite que les nobles ne s'en étaient pas aperçus. De leurs donjons ils ne voyaient pas ce qui se passait autour d'eux ; ils rêvaient encore la féodalité quand personne n'y songeait plus ; ils parlaient encore de leurs droits, quand on ne leur accordait plus aucune créance ; et ils persistaient surtout à maintenir des privilèges qui joignaient l'utile à l'honorifique, et qui leur retraçaient l'agréable image de leur grandeur éclipsée : ils n'étaient plus de leur siècle.

La royauté alors ne put plus être une avec les nobles, elle fut obligée d'être une avec le peuple ; et la noblesse féodale fut, malgré sa résistance, confondue dans la masse de la nation, et placée de niveau avec elle. La Charte s'établit.

Je rapporte ainsi cette série de faits comme devant être la marche naturelle des choses, même quand la crise révolutionnaire n'aurait pas eu lieu ; car la même Charte eût été donnée par Louis XVI.

La cause des Rois ne peut donc être aujourd'hui que celle des peuples, comme à l'époque du premier affranchissement ; et la cause de la noblesse féodale reste également isolée et de celle des Rois et de celle des peuples. Cette noblesse a été destinée à briller un temps, à orner et à défendre le trône après l'avoir ébranlé, à rendre aux Rois d'éclatans services, et à en être récompensée par d'aussi éclatantes faveurs. Mais aujourd'hui le Roi l'a dispensée de ses sacrifices exclusifs ; il a accepté ceux de toute la nation illustrée, dans chacune de ses familles, par la gloire militaire. La noblesse féodale ne devait avoir qu'une existence temporaire ;

elle n'est pas immortelle comme la nation et la royauté.

L'on m'objecte ici que la plus grande cause du rapprochement entre la noblesse et la couronne, est la similitude de leur origine, de leurs droits, de leur transmissibilité; c'est que l'une et l'autre sont des exclusions fondées sur la *hiérarchie physique*, tandis que toutes les autres positions sociales reposent sur des droits communs, susceptibles d'être acquis par tous, livrés à la concurrence, et fondés enfin sur la *hiérarchie intellectuelle.* Voilà, dit-on, les deux principes qui placeront éternellement d'un côté le peuple, ami de l'égalité, et de l'autre les Rois et les nobles, enfans de l'inégalité.

Cela a pu être ainsi autrefois; mais cette disposition d'esprit a dû changer depuis que les Rois n'ayant plus besoin des nobles, mais un besoin unique du peuple qui alimente seul leur trésor et forme leurs armées, se trouvent avec celui-ci dans des rapports directs, intimes et journaliers, par le jeu de la machine constitutionnelle. J'appelle ici le peuple, toutes les classes de sujets, sans avoir égard à leur classification. Il n'est plus question là de naissance, mais des intérêts des trois branches de la législature; la grandeur des Rois n'a plus besoin de se soutenir par aucune espèce de similitude, ni d'aucun auxiliaire contre la nation. L'exclusion, fondée sur la hiérarchie physique dans la famille royale, loin d'être un objet de rivalité pour la nation, est la plus grande garantie de sa tranquillité et de sa durée : ce n'est pas tant pour les Rois qu'elle a lieu que pour les peuples; et si l'on sondait le fond du cœur de ceux qui règnent, on trouverait que les peuples en jouissent plus qu'eux.

Toutefois, on entend prêcher partout la doctrine que sans noblesse point de trône, et Montesquieu a soutenu que la monarchie ne saurait subsister sans noblesse; mais autre chose est une noblesse féodale revêtue de privilèges qu'elle ne tient que d'elle-même et pour son avantage personnel; et autre chose une noblesse nationale et politique, revêtue de privilèges qu'elle tient du Roi, et qu'elle n'exerce que pour l'utilité générale. Ainsi, quand on soutient avec Montesquieu que la monarchie ne peut subsister sans noblesse, il ne s'ensuit pas que cette noblesse soit nécessairement une noblesse féodale, car il y en a une autre, c'est celle des *Pairs*.

CHAPITRE III.

De la Noblesse en Angleterre.

Il était bon qu'un étranger fit l'histoire de la constitution d'Angleterre; il pouvait comparer ce qui existe dans le continent et ce qui existe en Angleterre avec plus d'avantage que ne le peuvent les Anglais eux-mêmes, qui, en général, ne connaissent que leur histoire et ignorent celle du continent. Delolme pouvait donc, avec plus de succès qu'eux, rassembler les diverses parties du tableau, et avait encore l'avantage que ce qu'il voyait en Angleterre, le frappait par sa nouveauté, tandis que les Anglais sont trop familiarisés avec leur liberté pour en rechercher les causes.

Aussi le premier chapitre de son livre fournit-il une comparaison admirable entre la conduite qu'a tenue la noblesse anglaise et celle qu'a tenue la noblesse du continent, et établit-il entr'elles une différence féconde en résultats, et qui, jusqu'à lui, était restée inaperçue.

Cette différence consiste en ce que la noblesse d'Angleterre n'ayant point, depuis la conquête, exercé les droits féodaux au point que l'ont fait les nobles du continent, est restée constamment l'amie du peuple, tandis que partout ailleurs les nobles en ont été les ennemis et les fléaux. Elle s'est, à cet égard, distinguée surtout de la noblesse de la France, où le droit féodal a été le plus rigoureusement exercé à la même époque; car, dit Mon tesquieu, « dans le commencement de la « première race, on voit un nombre infini « d'hommes libres, soit parmi les Francs, « soit parmi les Romains; mais le nombre « des serfs augmenta tellement, qu'au com- « mencement de la troisième race, tous les « laboureurs et presque tous les habitans des « villes se trouvèrent serfs; et au lieu que « dans le commencement de la première « race, il y avait dans les villes à peu près « la même administration que chez les Ro-

« mains, des corps de bourgeoisie, un sénat, « des cours de judicature; on ne trouve « guères, vers le commencement de la troi- « sième race, qu'un seigneur et des serfs. Il « ajoute que par les guerres que les souve- « rains se faisaient entr'eux, et par suite des- « quelles le peuple du vaincu était réduit en « servitude, la servitude devint plus générale « en France que dans les autres pays, et « c'est, je crois, dit-il, une des causes de la « différence qui est entre nos lois françaises « et celles d'Italie et d'Espagne sur le droit « des seigneurs (1). »

La différence bien plus grande qui existe entre la conduite de la noblesse anglaise et celle de la noblesse française, est due à l'énergie de Guillaume-le-Conquérant, qui, au lieu d'arracher pièce à pièce les droits de la royauté à une noblesse turbulente, établit tout d'un coup un gouvernement absolu, au-

(1) Esprit des lois, liv. XXX, chap. 11. On peut remarquer aussi que les mots *roturier*, *roture*, n'existent que dans la langue française et n'ont point, dans toute la force de leur acception, leur équivalent dans les autres langues de l'Europe.

quel les nobles et les peuples furent également assujettis. Ses terribles lois des forêts pesèrent à la fois sur les uns et sur les autres. Il sut non-seulement acquérir un royaume, mais, ce qui est plus difficile, il sut conquérir l'autorité royale sur les puissans vassaux qui l'avaient aidé dans son entreprise. Il exerça seul le pouvoir exécutif, le pouvoir judiciaire et le droit d'imposer des taxes, et se trouva ainsi, à cette époque, le seul Roi en Europe revêtu de la plénitude de la puissance royale, tandis que les Rois du continent étaient souvent heureux de la partager avec les Barons, et craignaient sans cesse qu'ils ne leur arrachassent la faible partie qu'ils leur en laissaient.

Guillaume établit donc, dès la conquête, entre tous ses sujets, une égalité dans la soumission, qui devait devenir, dans la suite, une égalité dans les droits de la nation.

Les nobles, compagnons d'infortune du peuple, recherchèrent sa bonne volonté, et firent cause commune avec lui, pour mettre un frein à l'excès de l'autorité royale, qui dégénérait en tyrannie. C'est ainsi que fut obtenue la grande Charte, dans laquelle le peuple fut compris également avec les Barons. Il arriva donc en Angleterre le contraire de ce qui est arrivé depuis en France. En Angleterre, les nobles et le peuple se coalisèrent pour arracher à la couronne des droits communs; en France, les Rois s'étayèrent du peuple et se coalisèrent, en quelque sorte, avec lui, pour abattre la puissance des Barons et s'assurer une commune indépendance.

Cette popularité de la noblesse anglaise s'est perpétuée jusqu'à nos jours, comme la popularité des Rois de France s'est également perpétuée. Le peuple n'ayant jamais éprouvé de traitemens injurieux de la part des nobles, ne garde contre eux aucune rancune, et les considère comme ses amis et ses protecteurs, comme en France l'attachement aux Rois est devenu le premier sentiment de la nation; ce qui prouve que le peuple n'est pas toujours ingrat, et que le bien qu'on lui fait n'est pas toujours perdu. L'esprit de la noblesse anglaise s'étant, par un rare discernement, ou par un rare esprit de justice qui lui est uniquement propre, transmis d'âge en âge, il en est arrivé que toutes les révolutions d'Angleterre se sont terminées d'une manière différente de celles qui ont eu lieu dans tous les autres états. En effet, dans toutes les républiques de l'antiquité, et dans tous les royaumes qui subsistent aujourd'hui, les révolutions ont toujours fini, soit à l'avantage des patriciens, soit à l'avantage des nobles, c'est-à-dire du petit nombre; tandis que, dans l'Angleterre seule, elles ont constamment été suivies de stipulations en faveur de la liberté générale et des intérêts de tous : phénomène unique, et qui est dû à l'union qui n'a cessé de subsister entre la noblesse et le peuple. Que l'on compare à ces résultats celui qu'ont eu en France la Ligue et la Fronde, tristes monumens de l'audace et de l'avidité des nobles, de la faiblesse des Rois et de la nullité du peuple, et l'on verra toute la différence entre la noblesse d'Angleterre et celle de France, qui en a produit une si grande dans le sort de ces deux empires.

CHAPITRE IV.

Des Pairs et de la Noblesse féodale en France.

Si la noblesse d'Angleterre conserve depuis l'époque de la grande Charte, c'est-à-dire depuis six cents ans, le même esprit qu'un besoin commun avec le peuple lui a fait prendre dans l'origine, c'est qu'elle fut, peu après cette époque, constituée et investie de pouvoirs qui avaient pour but l'utilité générale. Elle ne put se séparer d'une nation dont les intérêts lui étaient confiés, et ces grandes fonctions remplacèrent dans son cœur l'amour des priviléges et d'un pouvoir purement personnel. L'esprit de la noblesse s'agrandit avec la nouvelle tâche qui lui était imposée, et, fière d'avoir à débattre des intérêts nationaux, elle dédaigna les intérêts de corps ou de caste. Elle trouva plus beau de former une Chambre des Pairs, protectrice des libertés du peuple, qu'un corps privilégié ennemi du peuple.

Ce que la noblesse anglaise avait de féodal de son origine fut ainsi neutralisé, et elle fut, en quelque sorte, purifiée par son entrée dans la Chambre des Pairs. Cette circonstance fut due à la nécessité dans laquelle elle avait été de se réunir au peuple, pour opposer une résistance efficace à la couronne; et c'est cette réunion qui donna, la première, naissance à la Chambre des Pairs et à la Chambre des Communes, qui rappela l'ancienne liberté, et opéra le rétablissement des anciennes assemblées nationales connues sous le nom de *Wittenagemots*, ou assemblées des sages.

Le même évènement s'est réalisé en France six cents ans plus tard; et si la France est en arrière, à cet égard, de l'Angleterre de six cents ans, c'est à sa noblesse seule qu'il faut l'attribuer. Il y a plus: au lieu d'être le fruit de l'accord entre le peuple et la noblesse, il a été le fruit de l'accord entre le peuple et le Roi contre la noblesse. L'ouvrage que Louis XVI avait commencé, Louis XVIII l'a achevé; cet ouvrage est le complément des institutions de Louis-le-Gros, de saint Louis et de Philippe-le-Bel (1); et la France se trouve enfin avec une Chambre des Pairs et une Chambre de Députés, tandis que la noblesse féodale, qui n'a fait qu'entraver cet établissement,

---

(1) « Nous avons considéré que, bien que l'auto-« rité toute entière résidât en France dans la personne « du Roi, nos prédécesseurs n'avaient pas hésité à en « modifier l'exercice suivant la différence des temps; « et que c'est ainsi que les communes ont dû leur « affranchissement à Louis-le-Gros, la confirma-« tion et l'extension de leurs droits à saint Louis et à « Philippe-le-Bel; que l'ordre judiciaire a été établi « et développé par les lois de Louis XI, de Henri II « et de Charles IX; enfin que Louis XIV a réglé « presque toutes les parties de l'administration pu-« blique, par différentes ordonnances dont rien en-« core n'avait surpassé la sagesse. Nous avons dû, à « l'exemple des rois nos prédécesseurs, apprécier les « effets du progrès toujours croissant des lumières, « les rapports nouveaux que ces progrès ont intro-« duits dans la société, la direction imprimée aux es-« prits depuis un demi-siècle et les graves altérations « qui en sont résultées. Nous avons reconnu que le « vœu de nos sujets, pour une Charte constitution-« nelle, était l'expression d'un besoin réel. » Préambule de la Charte.

reste avec ses souvenirs et ses prétentions ; mais sans ses privilèges.

Le laps de temps a établi, à cet égard, une différence remarquable entre la situation de la noblesse d'Angleterre et de celle de France. A l'époque où la noblesse d'Angleterre fut constituée, elle était peu nombreuse, et le droit de primogéniture faisant que les cadets rentraient dans la masse de la nation, elle est restée constamment dans la proportion nécessaire, pour former une Chambre plus ou moins égale en nombre à celle des communes. En France, au contraire, où les cadets ne rentraient point dans la masse de la nation, la noblesse est devenue tellement nombreuse, qu'elle n'a pu être admise en totalité dans la Chambre des Pairs, et qu'il a fallu laisser en dehors la plus grande partie, réduite aujourd'hui à la condition où la naissance place les cadets en Angleterre, et ne conservant, de plus qu'eux, que ses titres.

Il y a une grande différence entre une noblesse constituée en Chambre des Pairs, et une noblesse purement féodale : l'existence de l'une est utile à la nation, l'existence de l'autre lui est pour le moins inutile, si elle n'est pas ennemie de ses intérêts. L'une est un des rouages nécessaires dans la Constitution, l'autre est hors de la Constitution, et en opposition avec elle ; la première forme ce tiers précieux et indispensable entre le monarque et le peuple, et empêche tout empiètement sur les droits de l'un d'entr'eux, en portant son poids salutaire là où il est nécessaire pour le bien public ; la seconde, au lieu de maintenir, ne cherche qu'à renverser ce qui est établi, et immole l'intérêt public à son intérêt privé. Le plus récent exemple l'a prouvé. A la première session des Pairs, ils ont sauvé l'Etat. Qu'à fait la noblesse féodale à la même époque ? Réfugiée dans la Chambre des Députés du peuple, elle n'a travaillé qu'à ressusciter l'ancienne aristocratie féodale, également contraire aux intérêts du peuple, à l'existence de l'aristocratie constitutionnelle, et à la volonté du Roi.

La noblesse féodale existe pour elle-même et par elle-même, tandis que toute distinction et encore plus toute autorité ne doivent émaner que du Roi, et n'avoir pour but que le bien général. C'est ainsi que le Roi confère une partie de ses pouvoirs aux fonctionnaires de l'État, et qu'il accorde des distinctions pour l'encouragement de la vertu. Les titres qu'il donne n'ont rien de féodal, et portent, au contraire, un caractère national, semblables en cela à celui des Pairs qui tiennent leur origine et leurs droits de la Constitution et nullement de la féodalité. La noblesse féodale, loin de vouloir rien tenir de la volonté nationale exprimée par le Roi, ne prétend tenir ses titres que de Dieu et de son épée; elle rougirait de devoir quelque chose à ce peuple qu'elle a opprimé, qu'elle voudrait opprimer encore, et qui, n'étant plus l'objet de sa domination, l'est devenu de ses mépris. Ces souvenirs ne sont éteints dans aucun ordre de la société, pas même dans celui qui a le plus fait pour les faire oublier, qui a le plus concouru au nouvel annoblissement de la nation, et qui l'a couverte d'une gloire qui ne périra point (1). En effet, quand le Roi

---

(1) Voyez la *Lettre à M. le vicomte de Châteaubriand, concernant un pamphlet intitulé : De la Monar-*

de France se rend en pompe, soit à Notre-Dame, soit à la Chambre des représentans de la nation, quel est l'éclat qui brille autour de lui ? ce n'est pas uniquement l'éclat des anciens titres que le peuple remarque et qui frappe l'étranger, c'est encore la gloire de la France moderne, ce sont des Maréchaux, des Généraux qui ont rempli le monde de leur nom, des hommes d'Etat d'une réputation européenne; et si les étrangers admirent encore quelque chose dans cette France où il leur a été donné d'entrer deux fois, qu'est-ce qu'ils y admirent, et qu'est-ce qu'il lui en vient aujourd'hui ? ce n'est pas seulement son antique illustration, quelqu'estime que celle-ci puisse continuer de mériter, c'est encore son illustration nouvelle, ce sont ses guerriers, ses administrateurs, ses savans, ses hommes de talent dans tous les genres. C'est donc vouloir rappetisser la France que de chercher à la ramener sans cesse et exclusivement aux anciens temps et aux anciennes institutions. Laissons-

---

chie selon la Charte, signée le *chevalier de l'Union*, et qui est attribuée à un homme aussi distingué par son talent que par le rang qu'il occupe dans l'armée.

lui sa gloire ancienne, mais ne lui ravissons pas sa gloire nouvelle qui lui a coûté aussi cher que la première, et qui sera aussi ancienne quelque jour. Celle-ci d'ailleurs a cet avantage qu'elle appartient plus intimément à la nation, à chaque famille et à chaque individu d'entr'elle.

Ce qui est à remarquer encore, c'est que la noblesse féodale est devenue inutile à l'Etat à mesure qu'elle a acquis plus d'importance à ses propres yeux. En effet, les nobles ne placent leur mérite que dans le nombre des aïeux ; il s'ensuit de là que leurs ancêtres qui ont rendu d'éclatans services, étaient moins nobles que ne le sont leurs descendans, attendu qu'ils comptaient moins d'aïeux que n'en comptent ceux-ci, dont les services sont aujourd'hui remplacés par les services de la nation entière. Ainsi, l'importance va croissant d'un côté et l'utilité va décroissant de l'autre, ce qui présente une singularité qui approche de l'absurde.

La condition de la noblesse féodale est donc telle aujourd'hui, qu'elle n'est plus en harmonie avec les mœurs et les institutions des peuples, puisque son inutilité augmente dans la proportion de son mérite qui ne consiste que dans l'antiquité. Le temps dont elle tient toute sa valeur, s'est tourné contr'elle et est devenu son plus grand ennemi. Il élève les autres races au niveau des races nobles jusqu'à ce qu'il n'y ait plus de différence; la possession, fruit du travail, succède à la possession, fruit de la conquête, et la hiérarchie du talent remplace celle de la naissance, parce que le talent est indispensable dans le Gouvernement représentatif, et que ceux qui administrent, doivent être nécessairement les hommes les plus habiles de la nation. Aussi la noblesse féodale est-elle à la veille de devenir dans toute l'Europe ce que sont devenus la noblesse et les cadets des grandes familles en Angleterre, et de se retremper par les nouvelles institutions jusqu'à ce qu'il n'y ait plus en elle rien de féodal.

Mais qu'est-ce que la noblesse féodale, qu'est-ce que la féodalité ? La féodalité était une chaîne de pouvoirs et de devoirs personnels qui commençait au souverain et finissait au serf; elle reposait sur la réciprocité et formait un traité synallagmatique entre les diverses classes qu'elle comprenait, avec cette différence cependant que la dernière et la plus nombreuse était exclue de tout bénéfice et n'avait que des charges. Les vassaux devaient au Souverain des prestations, leurs arrières vassaux leur en devaient à eux, et les serfs en devaient à ceux-ci. Or, maintenant le chaînon supérieur de la chaîne est rompu ; les prestations sont faites au Souverain, non plus par le vassal, mais par l'universalité de la nation. Il faut donc que le chaînon inférieur soit rompu également ; car les vassaux ne donnant rien, n'ont plus rien à recevoir, puisqu'ils ne recevaient que sous la condition de donner à leur tour. Sous ce rapport, les privilèges reposeraient aujourd'hui sur une injustice évidente, et c'est justement que les privilégiés ont été soumis aux mêmes charges que le peuple ; car l'impôt représente la totalité des prestations dans tous les degrés féodaux, et l'impôt du vassal en particulier ne représente que la prestation qu'il devait comme vassal.

J'ai dit que la féodalité reposait sur la réciprocité, parce que c'est là son premier principe. Si cette réciprocité eût été réelle et générale, la féodalité pouvait avoir un but d'utilité, tous les intéressés dans cette espèce de pacte faisant également partie intégrante de l'Etat; mais cette réciprocité n'était que dérisoire : la feodalité ne tirait son origine que de la force, et était nécessairement accompagnée de l'esclavage.

Un autre grand vice de la féodalité ne tarda pas à se faire sentir : c'était de donner toute la puissance au vassal, et de n'en laisser aucune au souverain, de sorte que le serviteur était sans cesse au-dessus du maître. Ainsi le souverain ne pouvoit contraindre le vassal, tandis que le vassal pouvait à la fois contraindre le souverain et opprimer le peuple; et quand les vassaux étaient réunis, le souverain et le peuple n'étaient rien, les vassaux étaient tout. Il n'y avait donc pas réciprocité de pouvoirs et de devoirs, le souverain pouvant à chaque moment être exclu du pouvoir, et le serf l'étant constamment; il y avait nécessairement tyrannie de l'état intermédiaire. Il en résulte que la féodalité n'était qu'une anarchie constituée.

Il faut rendre compte ici d'une différence essentielle qui existe dans la relation entre le souverain et la noblesse féodale, et dans celle entre le souverain et le peuple. Plus la noblesse est puissante, plus le souverain est faible; mais plus le peuple acquiert de libertés, plus ses mandataires ont de droits, plus le souverain se fortifie en proportion de cette puissance nouvelle. La force du souverain, qui représente l'Etat, est constamment le but : et ceci se fait d'accord avec le peuple et par le peuple; car il sent qu'il a besoin d'être gouverné, et il ne veut pas être abandonné à lui-même. Il tient à la royauté par son intérêt; au lieu que la noblesse féodale, dans ses projets ambitieux, attaque l'essence de la royauté, et ne cherche qu'à se mettre à sa place. Elle veut dominer, tandis que le peuple ne peut vouloir qu'obéir; elle tend à se mettre au-dessus de la puissance souveraine, tandis que le peuple ne demande qu'à être sagement gouverné par elle, et ne prétend jamais gouverner par lui-même; il a autre chose à faire. Il y a eu plus de Rois victimes de la noblesse, qu'il n'y a eu de Rois victimes du peuple : l'Histoire de France est féconde en évènemens de la première espèce. Le peuple sent la nécessité de se mettre un frein à lui-même, mais qui le laisse jouir d'une juste liberté ; il fortifie la puissance royale pour son propre compte, pour sa sûreté et contre ses propres égaremens. Ainsi le pouvoir d'un Roi d'Angleterre, sans être despotique, est très-fort ; tandis qu'un pouvoir véritablement despotique peut être très-faible, et l'est presque toujours. La force d'un Roi d'Angleterre est légale et reconnue ; celle d'un despote ne l'est point : ce dernier vit au jour le jour, et est soumis à toutes les chances que peut courir une force momentanément supérieure. Quand il est renversé, c'est un accident qu'il prévoyait. Il est à cet égard dans la situation de tous les usurpateurs qui ne sont occupés que de l'idée de leur chute : la chute est le dénoûment de la scène passagère et précaire qu'ils jouent. Qu'on interroge là-dessus les Sultans, les Sophis de l'Orient ; ils répondront tous qu'aucun d'eux ne se croit inébranlable, ni même n'est paisible sur son trône, et qu'ils font une guerre où la victoire se balance chaque jour ; tandis qu'un prince armé d'une puissance accordée librement par ses sujets, légitime et circonscrite dans de justes bornes, est sûr de ne voir finir son pouvoir qu'avec sa vie naturelle, et de le transmettre intact à ses descendans. Ce n'est pas à lui qu'on peut appliquer le sinistre présage de Juvenal :

Ad generum Cereris sine cæde et vulnere pauci
Descendunt reges et siccâ morte tyranni.

Revenons. Il s'ensuit de tout ce que nous venons de dire, que la noblesse féodale, en perdant ses priviléges, a été définitivement déshéritée ; mais qu'elle l'a été justement puisqu'elle recevait d'un côté et ne fournissait rien de l'autre, et que la perte de ses priviléges est compensée par l'abolition de ses anciennes prestations.

Toutefois, elle a combattu pour les conserver ou les recouvrer, et sa résistance lui a coûté une partie de ses biens. Elle se regarde ainsi comme seule et doublement victime, et, comme ayant uniquement payé les frais de la révolution ; il est naturel, de-là, qu'elle ne puisse voir de bon œil un état de choses qui existe contr'elle et contr'elle seule, car nous avons vu que la révolution n'a été ni n'a pu être faite, dans l'origine, contre la royauté. Si elle a été détournée de son premier principe et dirigée contre la royauté, c'est là sa principale erreur, c'est là son grand crime, mais qui a été expié autant qu'il a pu l'être, tandis qu'elle n'a rien à expier envers les nobles, et qu'elle reste ferme à leur égard dans ses premiers principes.

Ainsi, la révolution a été double; une partie a été dirigée contre les priviléges; mais ceux-ci ont été soutenus avec une telle ardeur et un tel aveuglement que la perte temporaire de la royauté a été la suite du combat : toutefois cette partie de la révolution subsiste. L'autre partie a été dirigée contre la royauté; mais, comme en ce point la révolution s'était évidemment écartée de sa route, cette partie a été complettement abolie. La Charte a été l'arche de la nouvelle alliance entre le Roi et le peuple; et cette Charte stipule contre les priviléges, conformément aux premiers principes de la révolution qui n'ont eu qu'eux pour objet. Le Roi a donc reconnu la révolution qui n'avait point été faite contre la royauté; mais la noblesse féodale ne l'a pas reconnue, parce que cette révolution a été faite contr'elle, et elle est, à cet égard, en opposition également avec le pouvoir souverain et avec le vœu de la nation : telle est sa position aujourd'hui, et telle est la cause de la guerre sourde qui agite la France.

Jusqu'à ce jour, tous les efforts des nobles ont pour but la résurrection des privilèges et le rétablissement de l'ancien ordre de choses où ils jouissaient d'une existence séparée dans la nation, et composaient seuls la cour du monarque. Quand je parle ainsi, je suis loin d'entendre toute la noblesse, car une partie d'entr'elle a fait au génie du temps le sacrifice volontaire de ses prétentions; mais cette partie ardente et aveugle qui ne prend pas la peine de déguiser ses projets et son dédain pour la Charte. Elle travaille pour elle; quand elle le peut, avec le Roi, ou, s'il le faut, elle travaille pour elle sans le Roi ou contre le Roi. Elle lie sa cause à celle du clergé; car, comment le clergé recouvrerait-il ses biens sans que la noblesse recouvrât ses biens et ses privilèges?

C'est pourquoi ils disent anathème à toute la révolution, tandis que le Roi en a adopté une partie. Il faut que la révolution disparaisse toute pour qu'ils se retrouvent dans l'état où ils étaient, et pour que, disent-ils, la royauté se retrouve avec son premier lustre, accolant ainsi, sans cesse, leur cause à celle de la royauté, quoique les Rois l'en aient séparée. Ils sentent que leurs priviléges ne peuvent renaître qu'avec l'ancien régime de la France, et qu'ils sont incompatibles avec la France constituée en monarchie mixte. C'est pourquoi les mots de Charte et de Constitution leur sont aussi odieux que la révolution même. Ils ne voient dans tout cela que la perte de leurs priviléges et de leurs biens, et leurs intérêts froissés les rendent ennemis de l'intérêt général.

Quant à la perte de leurs priviléges, qui comprennent leur prépondérance exclusive dans l'état et à la cour, comme corps intermédiaire entre le trône et le peuple, il paraît qu'elle est irrévocablement décrétée par la volonté unanime du Roi et de la nation. Il paraît même que tous les efforts qui ont été faits depuis vingt-cinq ans, et qui continuent d'être faits avec une opiniâtre persévérance pour obtenir leur rétablissement, sont plutôt contraires que favorables à ce retablissenteut. Il faudra donc qu'ils se résignent et qu'ils se soumettent à une force majeure, dont l'action est continuée depuis si long temps, et qui a reçu un si grand accroissement par le poids de la volonté royale. La noblesse féodale en France sera, à l'avenir, ce qu'est en Angleterre *la Gentry* (1),

---

(1) On appelle en Angleterre *Gentry* la classe des *Gentlemen*, qui se compose de tous les hommes qui ont reçu une éducation soignée, ou qui jouissent d'une certaine fortune et à la tête de laquelle se trouvent les baronnets, les chevaliers, c'est-à-dire, une espèce de petite noblesse souvent de plus ancienne extraction que les pairs qui forment seuls la noblesse proprement dite. Les titres de *Squire* (écuyer) et de *Gentleman*, ne sont, dit Blackstone, que des titres de déférence; le dernier est, selon lui, accordé à tous les gens de lettres, avocats, docteurs, et, pour le militaire, aux colonels; mais depuis, et dans l'usage ordinaire, il a été beaucoup plus étendu. Le mot de *gentleman* est le même que celui de *gentilhomme* en France, où le sens en a été beaucoup restreint et où l'on exigeait du gentilhomme qu'il eut des titres de noblesse. On l'a opposé à la *roture*, qui n'existe point en Angleterre : roturier a *rupturâ terræ* veut proprement dire *paysan*, *attaché à la glèbe*; et tous les citoyens de France, à quelqu'élévation que leurs talens et leur mérite les portassent, devaient se contenter

qui est, je pense, une des classes les plus honorables en Europe, et qui ne le cède à

---

de ce titre, c'est ainsi que Colbert et Turgot, étaient roturiers. Le mot *gentleman* ou *gentilhomme* vient du latin *gentilis*. Les Romains avaient trois degrés dans la société des hommes libres ou citoyens ; 1°. *ingenuus*, qui était né de parens libres ; 2°. *gentilis*, qui avait *familiam et gentem*, et 3°. *patricii*, qui descendaient des premiers sénateurs institués par Romulus et Tarquin ; ces derniers avaient seuls la noblesse de dignité qui reviendrait à celle des pairs dans les monarchies modernes. Le mot *nobilis*, que nous avons également pris des Romains, vient de *notabilis*, par contraction, et n'avait rien de dégradant pour les autres classes, tandis que dans la langue féodale, on a fait de *noble* l'opposé d'*ignoble*, de *vilain*, de sorte que le noble était disposé à se croire pétri d'un limon plus pur que les autres hommes, et personne n'a été, à cet égard, plus de bonne foi que madame de Thianges, qui croyait réellement être d'une espèce plus relevée que les autres hommes et que tout ce qui n'était pas Mortemart. Du reste, on a déjà dit, et dans un livre qui a été assez connu, que la *notabilité ancienne* a été remplacée en France par une *notabilité nouvelle* ; celle-ci provient de l'industrie, de la science ou de la fortune, et est indépendante de la naissance qu'elle n'exclut pas.

Je joins ici une note tirée de l'ouvrage de Mirabeau,

la noblesse privilégiée d'aucun pays. Elle conservera, de plus qu'elle, ses titres, et

---

sur l'ordre de Cincinnatus et qui expliquera plus en détail ce qu'il faut entendre par les mots *gentleman* et *gentry*.

« Il est bon de remarquer, dit-il, que ce qu'on appelle *gentlemen* ou *gentry*, par opposition à *noblemen* et à *nobility*, ne veut pas le moins du monde dire *noblesse*. C'est un mot générique dont les subdivisions désignent un certain nombre de classes d'hommes qui n'ont aucune influence dans la constitution et pas la moindre prérogative.

1°. Les enfans des pairs.

2°. Les chevaliers baronnets, espèce de titre de noblesse intermédiaire qui passe seulement aux aînés, et qui donne aux femmes de ceux qui le portent le titre de *lady*.

3°. Les simples chevaliers, titre personnel, qui donne aux femmes le titre de *lady*, mais qui ne se transmet point.

4°. Les docteurs en droit, théologie, médecine.

5°. Les *squires*, nom qui se donne à toute personne qui possède une certaine étendue de terre ou qui vit de sa fortune, à tous les avocats, à la plupart des employés dans les bureaux d'état, de finance, ou dans cette circonstance ne l'empêchera point de se rapprocher de la nation. « Les jalousies « entre les ordres de l'état, *premier prin-* « *cipe de la révolution*, dit M. de Château- « briant, dans sa Monarchie selon la Charte, « disparaîtront nécessairement un jour par « la composition naturelle de la Chambre « des Députés ; ce qu'on appelait autrefois « le noble et le bourgeois, réunis pour le « bien de la patrie, apprendront à s'estimer « les uns les autres. Fiers de porter ensemble « le beau nom de Députés du peuple fran- « çais, ils n'admettront plus entr'eux que « cette inégalité qui vient de la différence « des talens et de la diversité des vertus. »

Si donc la noblesse de France renonce sincèrement à ses anciennes prétentions ; si elle oublie ses privilèges, que la privation

---

les cours de judicature, aux officiers municipaux des villes, aux négocians en gros.

6°. Les *gentlemen*, proprement dits, par lesquels on entend toutes les personnes qui ont quelque éducation, qui ne sont employées ni au travail de la terre, ni aux ouvrages de mécanique grossière. »

même lui rend, peut-être, trop chers, et qu'elle ne pourra jamais exercer avec la plénitude qu'elle les exerçait autrefois, ce qu'elle regarde aujourd'hui comme une possession tranquille ne devant être qu'un combat perpétuel; si elle sait faire de bonne grâce un sacrifice que la main puissante du temps la forcera indubitablement à faire, elle contribuera aujourd'hui aussi puissamment au repos et à la grandeur de la France, qu'elle y a jamais contribué par son ancienne gloire militaire; car le repos de la France est aujourd'hui sa grandeur et toute sa prospérité, et des troubles perpétués seraient le tombeau de la monarchie.

La guerre sourde qui existe dans la nation ne sera finie, la révolution dans les esprits ne sera terminée, et nous ne recommencerons une nouvelle ère pacifique que lorsque la noblesse féodale se bornera à la jouissance de ses titres, en renonçant, de bonne foi, au rétablissement de ses priviléges, car c'est l'ardeur avec laquelle ceux-ci ont été soutenus, qui a été la première cause de la révolution, et c'est cette même ardeur pour les rétablir qui peut faire naître de nouveaux troubles, même après que la royauté et la nation se sont réconciliées. « Ce « ne sont ni les impôts, ni les lettres de « cachet, ni tous les autres abus de l'au- « torité; ce ne sont point les vexations des « intendans, ni les longueurs ruineuses de « la justice qui ont le plus irrité la nation, « c'est le préjugé de la noblesse (1). »

Lorsque la paix intérieure, bien plus importante, dans tous les temps, pour une nation comme la nation française, que la paix à l'extérieur, permettra à toutes les mesures d'un gouvernement sage de fructifier à loisir, la noblesse pourra espérer de voir s'éteindre une partie de ses regrets, et, s'il faut le dire, la partie la moins injuste. La générosité du Roi et celle de la nation recèlent des trésors bien plus grands que tous les biens qui ont été perdus; seulement il faut hâter le moment de leur production, et ce n'est pas par des troubles renouvelés

(1) Journal des Etats-généraux et de la révolution, par l'abbé Sabatier de Castres.

qu'il arrivera : tous les maux seraient aggravés, et aucun mal ne serait réparé.

C'est un fait que la nation est réconciliée avec la royauté, mais qu'elle ne l'est point encore avec la noblesse, et il faut qu'elle le soit également avec celle-ci qui ne constitue plus une partie séparée de la nation, mais qui se trouve réunie avec elle sous le régime d'une égalité légale.

Cette réconciliation peut seule garantir la paix intérieure de la France, comme la réconciliation avec la royauté lui a seule pu donner la paix extérieure, et établir un esprit d'harmonie entre les peuples de l'Europe. La confiance qu'elle fera renaître est indispensable à la prospérité de l'Etat, et spécialement à ses finances, car une partie considérable du revenu public dépend de l'opinion et de la sûreté des transactions, et le crédit public, qui peut devenir notre plus grand revenu, n'a pas d'autre source.

La noblesse de France n'est consolée ni de la perte de ses priviléges, ni de la perte de ses biens, dont le sacrifice a été fait également à l'établissement actuel; elle n'en sera pas consolée dans plusieurs générations, et ses préjugés s'éterniseront, en haine de l'Etat, avec ses regrets, de sorte que la nation sera divisée, pour plusieurs siècles, en deux partis sans cesse irrités l'un contre l'autre, et qui n'auront en vue que la guerre civile, dont l'image hideuse sera constamment suspendue sur la France comme l'épée de Damoclès, et qui fournira à ses ennemis des moyens sans cesse renaissans de l'entamer.

Mais ces regrets peuvent être appaisés, et s'évanouir dans quelques générations; ces préjugés même peuvent s'éteindre, si la nation qui jouit en masse de ce que la noblesse possédait, lui témoigne la volonté de l'indemniser de ses pertes. Celle-ci se trouvera alors dans la situation d'un particulier de qui l'Etat aurait exigé les sacrifice d'une portion d'héritage pour un objet d'utilité publique. En effet, on ne peut disconvenir que la nation n'ait augmenté sa prospérité intérieure par la vente des biens d'émigrés : les propriétés disséminées, la culture perfectionnée, l'aisance du fermier devenu propriétaire;

l'accroissement des contributions, tout cela est dû à la vente de biens qui, jettés dans le commerce, ont doublé de valeur. De l'autre côté, par l'abolition des priviléges, la dignité morale de la nation s'est trouvé relevée, les idées se sont étendues, l'industrie est devenue honorable, et les préjugés qui retenaient l'essor de la nation, se sont évanouis : tout a marché sans entraves vers un but d'utilité publique ou privée, et l'unité du système des contributions, ainsi que l'unité dans la législation, ont pu s'établir également dans toutes les parties de la France. C'est donc à ces deux circonstances, la vente des biens d'émigrés, et l'abolition des priviléges, qu'il faut attribuer l'état prospère de la France, tant moral qu'industriel, comparé à ce qu'il était avant 1789; et si la nation fait aujourd'hui son bilan, elle trouvera qu'elle doit quelque chose aux instrumens, quoiqu'involontaires de tant d'améliorations. Il est indubitable que ces améliorations lui valent 50 à 100 millions de contributions de plus; et que les nobles, première cause de la révolution, ont été l'occasion première de cette augmentation dans le trésor public; car si nous leur attribuons une partie des maux de la révolution ; il est juste aussi de leur tenir compte du bien qui est résulté de celle-ci, et dont ils ont été les victimes : il ne faut pas qu'entre concitoyens la guerre soit éternelle.

On peut porter de 4 à 500 millions la valeur des biens d'émigrés, dont la restitution est aujourd'hui sourdement mais vivement poursuivie. Le revenu de ces propriétés est de 20 à 25 millions, sur le pied de cinq pour cent, qu'on pourrait adopter, comme étant le plus favorable, et comme tendant à compenser, en quelque sorte, une longue non-jouissance. Cette charge serait-elle trop forte pour la nation, une fois qu'elle aura fait honneur à ses onéreux engagemens présens; car cette époque si désirée est aussi celle où la nation sera laissée à elle-même? ne rétablirait-elle pas, dès à présent, dans l'opinion, la valeur de toutes les propriétés, et ne conduirait-elle pas à fonder le crédit public? ne paraîtrait-elle pas le prix des améliorations que la France doit à la révolution? ne rattacherait-on pas ainsi les nobles à l'état des choses établi, et ne les réconcilierait-on pas même avec la perte de leurs privilèges ; car, au moyen de cette indemnisation, la seule peut-être possible, ils reconnaîtront les *principes* de la révolution, tandis qu'ils ne veulent en reconnaître que les *faits* : proposition qu'ils mettent en avant, avec la prétention d'un axiôme, sans se douter que chacun y voit d'abord la plus évidente *réserve mentale* qui soit sortie de l'école de Loyola? Enfin, peut-on espérer, sous d'autres conditions, une renonciation formelle et entière, de leur part, aux anciens préjugés, et une abolition complette de tout souvenir de la féodalité, qui est le fléau des nations modernes? *Sanabilibus œgrotamus malis.*

CHAPITRE V.

De la Noblesse dans les pays non constitués de l'Europe.

La grande révolution qui a eu lieu, depuis quelques siècles, dans les Etats européens, a été amenée par les finances, et elle a été faite par les Rois contre les nobles. C'est par les finances que les premiers sont sortis de la tutelle des seconds. Charles VII levant le premier des troupes, et imposant des taxes de guerre, a porté la premiere atteinte à la féodalité, et s'est affranchi de ses onéreux et arrogans services.

L'on aurait dû croire que depuis cette époque, déjà assez reculée, les finances du prince et l'affranchissement des peuples auraient marché du même pas et suivi un progrès parallèle, de manière qu'avec un système d'impôt régulier, et l'établissement d'un gouvernement direct du souverain sur les sujets, les vestiges de la féodalité auraient dû entièrement disparaître. Mais cette révolution a été lente ; les Rois se sont affranchis des liens de la féodalité avant d'en affranchir les peuples ; et aujourd'hui encore il existe plusieurs Etats en Europe où les terres nobles continuent d'être exemptes d'impôts, et où l'industrie du peuple et ses propriétés territoriales fournissent seules à tous les besoins du Gouvernement. En Hongrie, le peuple est appelé spécialement *plebs contribuens*, et sa contribution est la marque de sa dégradation, comme l'exemption de l'impôt est, chez les nobles, le signe de leur ancienne souveraineté.

A cette inégalité dans les charges se joint une inégalité dans les conditions qui rappelle et perpétue dans l'opinion la supériorité du seigneur féodal, et l'abjection du serf, même là où le servage est depuis long-temps aboli. Le territoire est habité par deux peuples différens, jugés par différens tribunaux, et régis par des lois diverses. Les classes de la société sont distinctes, et le dédain d'un côté est repoussé par la haine secrette de l'autre. Telle était, il n'y a pas long-temps, la situation des choses, même en France; et telle elle est encore dans la plupart des pays de l'Europe.

La nation française, comme étant la plus vive et la moins endurante, a dû, la première, s'élever contre une inégalité aussi injurieuse. Elle a obtenu l'égalité dans les charges et l'égalité devant la loi, résultantes du même principe, c'est-à-dire, de l'inutilité dont sont frappés aujourd'hui les services exclusifs des nobles. Elle a renversé ce qui restait du système féodal en obtenant la franchise des personnes et l'égale imposition des terres, à la place de la franchise des terres et de l'esclavage des personnes; et elle ne perdra plus ces deux fruits de ces longs efforts, si honorables dans leur origine, quoiqu'ils aient été suivis des plus tristes égaremens. Mais il est à croire que le sentiment qui l'a guidée est éprouvé aujourd'hui généralement par les peuples civilisés, et il est important, à cet égard, de bien établir le véritable état des choses, de peur que les souverains ne croient que les vœux du peuple sont dirigés contre la royauté, ou que les peuples mêmes, aveuglés par des manœuvres perfides, ne confondent deux causes très-différentes, et ne se méprennent sur la nature de leur inquiétude.

Celle-ci ne saurait jamais avoir pour objet la royauté, qui est instituée pour le bien général. Elle est pour les peuples une puissance protectrice et tutélaire; elle est exempte d'abus à mesure que le siècle s'éloigne de la féodalité; c'est par elle que se maintient l'ordre, et que chacun jouit en paix du fruit de ses travaux; elle est le bien, et, en quelque sorte, la propriété de tous. Elle n'est pas seulement digne de respect et de vénération, elle est digne de reconnaissance et d'amour, puisque celui qui en est revêtu ne travaille sans cesse que pour l'intérêt d'autrui, et ne peut jamais s'occuper du sien. Il est et doit être trop au-dessus du reste des hommes, pour qu'il puisse, comme eux, songer à acquérir des biens personnels, et à augmenter sa fortune: sa fortune est la fortune publique; et c'est sur cette existence, tout-à-fait séparée et étrangere à la personne, que l'Angleterre a fondé une partie des prérogatives du Roi, qui n'est jamais censé pouvoir être *financier* (1).

Les nobles, au contraire, dominent de leur chef, pour leur utilité privée, et pour la *finance*. Ils n'ont aucun mandat public, et ne font rien pour le public; tout chez eux est personnel, et les avantages dont ils jouissent sont purement gratuits, sans aucune compensation pour le peuple; tandis que, dans la royauté, rien n'est personnel, et toute la grandeur dont elle est entourée a pour but l'avantage commun. Les Rois sont les pères des peuples; et les nobles (ce sont les nobles féodaux qu'il faut toujours entendre) qui possèdent encore des serfs, sont les propriétaires d'autres hommes réduits à l'état d'une *chose* inanimée. Le titre dont leurs droits dérivent est la conquête; le titre dont dérivent les droits de la royauté, est

---

(1) *Voyez* Blackstone, Prérogatives du Roi, distinguées en prérogatives directes et dépendantes, tom. I, chap.

la nécessité d'un gouvernement et le premier besoin du peuple. Or, la conquête, qui n'est que l'exercice d'une force temporairement supérieure, ne donne pas un droit perpétuel sur les hommes entre lesquels cette force varie, même dans la supposition que l'homme pût être un objet de conquête; elle ne donne un droit perpétuel que sur les choses, par l'intérêt de consacrer la propriété : aussi, personne ne leur conteste les biens qu'ils tiennent de la conquête. La noblesse féodale nous rappelle donc la barbarie, et nous fait rétrograder vers elle, ou, du moins, retarde la civilisation; tandis que la royauté nous en fait sortir, parce qu'elle se perfectionne à chaque âge, à mesure que les peuples s'éclairent, et qu'elle est toujours en harmonie avec leurs besoins.

En général, la noblesse féodale a fait de grands maux en Europe, et y a empêché de plus grands biens. Soumise, en Angleterre, par l'énergie de Guillaume-le-Conquérant, son existence ne fut pas nuisible, et fut plutôt salutaire dans ce pays, parce qu'elle s'attacha aux intérêts du peuple. Mais la puissance des nobles sur le continent, leurs querelles et leur résistance aux Rois, ont été cause que les peuples du continent sont restés plus long-temps dans la servitude, et que des gouvernemens réguliers et constitutionnels se sont établis plus tard qu'en Angleterre. En France, ils produisirent une anarchie de douze cents ans, et ne furent définitivement soumis que dans le dix-septième siècle (1). En Allemagne, la féodalité a empêché la réunion des peuples sous un seul souverain; de sorte que ce pays n'est encore aujourd'hui qu'une république de princes, sans une véritable unité d'intérêts, quoique la nation soit *une* sous tant d'autres

---

(1) On ne récusera pas l'autorité suivante : « Les grands devinrent petits devant un maître absolu ; les courtisans n'approchaient qu'avec vénération du seul objet de leurs respects et du seul arbitre de leur fortune. Ceux qui, naguères, étaient de petits tyrans, dans leurs provinces ou dans les places frontières, n'en étaient plus que les gouverneurs. Les grâces, selon le bon plaisir du maître, s'accordaient tantôt au mérite, tantôt aux services. Il n'était plus question d'importuner ou de menacer la cour pour en obtenir. Mémoires de Grammont, chap. 5.

rapports. Le morcellement de l'Italie est son ouvrage, ainsi que l'impossibilité où se trouve cette belle partie de l'Europe de se relever de ses désastres. Elle a creusé le tombeau de la Pologne, et a mis partout des entraves à ce que les nations parvinssent à une organisation régulière. Tels sont les vestiges qui nous restent de la noblesse féodale, et les ravages par lesquels elle a marqué son passage dans le monde ; de sorte que l'on peut affirmer que tout ce qui a été fait de bien en Europe a été fait contre elle, et que c'est contre elle encore que les peuples unis aux gouvernemens cherchent aujourd'hui à établir des constitutions libres. Elle sent que, fondée sur un intérêt privé, elle ne peut être que victime de tout ce qui se fait pour l'intérêt général. Elle dispute aux peuples et aux Rois le droit de s'affranchir de ses liens, qui devraient être rompus, cependant, depuis que les nobles n'ont plus à prêter leurs devoirs de vassaux, et qu'ils se trouvent ainsi, en tant que féodaux, exclus de la hiérarchie sociale ; mais les prétentions féodales, fondées sur l'orgueil et l'esprit de domination, survivent à la chute des institutions féodales, et sont immortelles comme ces passions.

Il arrive de là que les nobles ont une patrie séparée, et qu'ils ne sont pas autant membres de la patrie commune que de leur association particulière. Jettez sur des plages inconnues des hommes de différente condition et de nations diverses; ce ne sera pas tant le Français qui s'approchera du Français et l'Allemand qui s'approchera de l'Allemand; ce sera le gentilhomme qui s'approchera du gentilhomme; il trouve dans cette relation plus de garantie, plus de douceur, plus d'égalité, et la patrie de caste l'emportera sur la patrie de nation. Ce que je dis du Français et de l'Allemand n'est pas, au même degré, applicable aux nobles de quelques autres nations de l'Europe, à l'Anglais, par exemple, et à l'Espagnol, tant il est vrai que la féodalité peut s'éteindre et que la noblesse peut rester. Chez le premier la Constitution a établi une égalité de droits qui a fait disparaître l'ancienne inégalité féodale et a donné à tous une patrie commune, de sorte que rien n'est plus cher à un Anglais, dans l'étranger, qu'un autre Anglais qui lui rappelle sa patrie, ses lois, sa gloire et sa liberté. Quant à l'Espagnol, il ne se regarde que comme le vassal du Roi et ne connaît pas de roture : cette fière nation se dit toute noble et l'est. Il en existe de plus éclairées qu'elle qui ne sont pas aussi avancées à cet égard, et qui restent partagées en individus d'espèce différente tels que la féodalité les avait classés.

Depuis les relations directes établies entre es Souverains et les sujets par la levée de l'impôt et par tous les actes d'un gouvernement immédiat, l'existence de la noblesse féodale, comme état intermédiaire, est devenue sans objet. Elle nuit à l'action du Gouvernement, puisqu'il est vrai que beaucoup de nobles ont encore des sujets, et introduit une espèce de bigarrure dans l'administration publique en ce qu'il se trouve des hommes qui sont sujets des nobles, et en même temps sujets des princes dont les nobles sont devenus également sujets ; de sorte qu'à quelques égards, l'État a sur eux une action immédiate, et à d'autres, une action dépendante des nobles. L'obéissance est ainsi partagée, et il existe de fréquentes collisions et de fréquens conflits d'autorité entre le noble et le souverain. Plus que tout cela, les affections du sujet et son dévoûment envers le prince, qui font la force des Etats, ne peuvent se produire ni dans le cœur des sujets des nobles, qui ont deux maîtres, ni dans le cœur des nobles même, qui se trouvent avec le souverain dans un état constant de rivalité. Je sais toutefois qu'il y a plusieurs nobles qui se sont montrés humains, en affranchissant leurs serfs ; il leur répugnait d'être un instrument d'avilissement pour d'autres hommes, et ils rendaient hommage aux lumières du siècle ; mais ils ne sentaient peut-être que confusément, que n'étant plus vassaux, ils ne devaient plus avoir de serfs ; que n'ayant plus de services féodaux à rendre, ils n'en avaient plus à exiger, et que l'assiette d'un impôt général, l'obligation de servir dans les armées royales, comprenaient en elles-mêmes l'affranchissement des anciens serfs. Ils ne savaient peut-être pas eux-mêmes à quel point il faisaient une chose de stricte justice ; autrement, c'eût été l'action de leur esprit, et ce n'était que l'action de leur cœur. Ils ont été bénis comme s'ils accordaient un bienfait, et ils le méritaient. Ils ont fait un double bien ; ils ont soustrait à la servitude des hommes qui étaient leurs concitoyens, et ils ont concouru à établir l'autorité du Gouvernement, autant qu'il était en eux.

Toutefois, ces exemples sont des exceptions. Beaucoup de nobles ont encore des serfs, et la noblesse féodale tient, dans la plupart des pays de l'Europe, à l'exercice de ses droits et de ses privilèges, avec d'autant plus d'opiniâtreté, qu'ils sont moins autorisés par la raison, et qu'ils menacent de leur échapper (1). Etrangers par conséquent, et contraires aux institutions favorables aux droits du peuple, et réclamées par lui, ils les entravent de tous leurs moyens, et cherchent à entraîner les princes à des démarches

(1) Il y a en Europe un royaume dans lequel les officiers nobles des régimens de la garde ont minuté une requête au Roi, pour lui demander d'écarter de ces régimens les officiers non nobles. Un général illustre par ses victoires, qui avait été consulté sur ce projet, leur dit à l'occasion d'une revue : « Messieurs, » vous me faites rougir d'être né dans votre ordre. »

impopulaires ou violentes, par le mépris ou par la crainte du peuple qu'ils leur inspirent. C'est ainsi qu'ils établissent la communauté de leur cause avec celle des princes dont ils se sont faits les conseillers exclusifs, et auxquels ils se présentent comme auxiliaires. Ils appellent les vœux du peuple une révolte contre l'autorité légitime, tandis que ces vœux ne sont que l'expression du besoin de sortir des liens de la féodalité, d'obtenir l'égalité dans les charges et l'égalité devant la loi, et de jouir pleinement et sans intermédiaire des bienfaits de la souveraineté dont les nobles lui dérobent les rayons; car la souveraineté doit être comme le soleil, qui luit également sur tous.

Telle est aujourd'hui la situation des choses et la disposition des esprits dans plus d'un État de l'Europe qui demande à se constituer, c'est-à-dire, à s'affranchir du joug de la noblesse feodale. Elles sont la cause de cette vague inquiétude qui agite également les peuples et l'autorité, parce que les vœux ne sont pas clairement expliqués, mais qui disparaîtra dès que cette explication aura lieu. En un mot, la révolution est dans l'Europe, comme elle l'était en France, dirigée, non contre la royauté, mais contre la noblesse féodale. L'égalité a été le premier besoin, et elle a amené celui de la liberté, mais désormais d'une liberté sage qui consolide les trônes au lieu de les ébranler.

Je crois donc mettre en avant un système consolant, et offrir un avenir tranquillisant, si je suis parvenu à établir que, tant en France que dans le reste de l'Europe, ce qu'on appelle l'esprit révolutionnaire est dorénavant sans danger; que ce monstre si redouté a perdu son venin, et que le principe des révolutions modernes n'est en réalité que dans le désir de l'égalité naturelle à des hommes parvenus à une dignité morale égale à celle de la noblesse. Ils se sont élevés par leur industrie, leurs richesses et leurs lumières, à des sentimens qui ne leur permettent plus de supporter l'espèce d'abjection où les retiennent les restes des vieilles institutions, et ils demandent des institutions qui soient en harmonie avec le temps.

Il n'y a, dans ces vœux, rien de dangereux ni de funeste pour l'autorité royale. Celle-ci doit, au contraire, jouir du fruit de ses premiers bienfaits, et y mettre le comble en complettant l'affranchissement du peuple; car les progrès qui se sont faits ont été son ouvrage, et la guerre sourde qui existe aujourd'hui entre le peuple et les nobles se fait à son profit, loin de se faire contre elle. L'autorité royale, révérée en Europe, parce qu'elle seule y a fait le bien, qu'elle a dompté l'anarchie, aboli l'esclavage et réprimé les désordres de la féodalité, acquerra une splendeur nouvelle, lorsque jusqu'aux vestiges de la féodalité auront disparu et qu'elle aura fait une alliance intime et sans intermédiaire avec les peuples; et c'est ainsi également qu'elle appaisera, dans ce moment, les mécontentemens qui se manifestent de toutes parts, non contre l'existence tutélaire de la royauté, mais contre l'existence d'une noblesse féodale qui est en opposition avec le siècle et qui doit se convertir en une noblesse nationale.

FIN.

TABLE
DES CHAPITRES.

FIN DE LA TABLE DES CHAPITRES.

www.ingramcontent.com/pod-product-compliance
Lightning Source LLC
LaVergne TN
LVHW012352220826
846092LV00002B/532

* 9 7 8 2 0 1 6 2 0 0 4 5 2 *